Tagebuch von

Sabrina Federlein sabrinavonameln@icloud.com

Bibliografische Information der Deutschen Nationalbibliothek:
Die Deutsche Nationalbibliothek verzeichnet diese Publikation in der Deutschen Nationalbibliografie; detaillierte bibliografische Daten sind im Internet über http://dnb.dnb.de abrufbar.

© 2021 Sabrina Federlein Auflage (2)
Autor: Sabrina Federlein
sabrinavonameln@icloud.de

ISBN: 9783754305409

Illustration: Seophora, Juliette Bähr

Impressum:
Sabrina von Ameln
Talstraße 9
56584 Anhausen

Herstellung und Verlag: BoD – Books on Demand, Norderstedt

Das Flüsterbuch
Dein ganz persönliches
Achtsamkeitstagebuch.

Achtsamkeit Was ist das?
Ganz einfach, im Hier und Jetzt sein
aber nicht nur Dein Körper, sondern
auch mit Deinen Gedanken und
Gefühlen. Das ist nicht immer leicht,
denn wir werden durch so vieles
abgelenkt. Und bevor wir es merken,
nehmen wir alles als selbstverständlich
hin. Dadurch gehen uns Freude und die
Gefühle für die Momente verloren, die
uns gut tun. In Deinem Flüsterbuch
kannst Du Deine Gedanken und
Gefühle beschreiben und malen.
Dadurch wirst Du Deine Gefühle besser
wahrnehmen und den achtsamen
Umgang mit Dir selbst lernen.
Probier es einmal aus. Viel Spaß!

Mein Tag in Bildern

Hier ist Platz für Kreativität

Mein Tagesziel:

Mein Tag

Hier ist Platz für Deine Gedanken

Mein Tag in Bildern

Hier ist Platz für Kreativität

Mein Tag

Hier ist Platz für Deine Gedanken

Meine Stimmung:

☐ gut ☐ traurig ☐ kreativ ☐ zufrieden

☐ müde ☐ entspannt ☐ glücklich ☐ bedrückt

Mein Tag in Bildern

Hier ist Platz für Kreativität

Höhepunkt des Tages:

Mein Tag

Hier ist Platz für Deine Gedanken

Mein Tag in Bildern

Hier ist Platz für Kreativität

Mein Tag

Hier ist Platz für Deine Gedanken

Ich habe Heute gelacht über:

11

Mein Tag in Bildern

Hier ist Platz für Kreativität

Diese drei Dinge haben mich glücklich gemacht:

Mein Tag

Hier ist Platz für Deine Gedanken

Mein Tag in Bildern

Hier ist Platz für Kreativität

Mein Tag

Hier ist Platz für Deine Gedanken

Der schönste Gedanke des Tages:

15

Mein Tag in Bildern

Hier ist Platz für Kreativität

Mein Tag

Hier ist Platz für Deine Gedanken

Schönstes Erlebnis der Woche:

17

Wie war Deine Woche?

Gibt es Ereignisse auf die Du besonders Stolz bist?

Oder die zwar nicht perfekt waren, aber die dennoch geklappt haben?

Gibt es etwas was Du besser machen kannst?

Ich bin Stolz darauf, dass ich:

Das hat schon ganz gut geklappt:

Das kann ich noch besser machen:

Darüber habe ich mich gefreut:

19

Mein Tag in Bildern

Hier ist Platz für Kreativität

Mein Tagesziel:

Mein Tag

Hier ist Platz für Deine Gedanken

Mein Tag in Bildern

Hier ist Platz für Kreativität

Mein Tag

Hier ist Platz für Deine Gedanken

Meine Stimmung:

☐ gut   ☐ traurig   ☐ kreativ   ☐ zufrieden

☐ müde   ☐ entspannt   ☐ glücklich   ☐ bedrückt

Mein Tag in Bildern

Hier ist Platz für Kreativität

Höhepunkt des Tages:

Mein Tag

Hier ist Platz für Deine Gedanken

Mein Tag in Bildern

Hier ist Platz für Kreativität

Mein Tag

Hier ist Platz für Deine Gedanken

Ich habe heute gelacht über:

Mein Tag in Bildern

Hier ist Platz für Kreativität

Diese drei Dinge haben mich
glücklich gemacht:

Mein Tag

Hier ist Platz für Deine Gedanken

Mein Tag in Bildern

Hier ist Platz für Kreativität

Mein Tag

Hier ist Platz für Deine Gedanken

Der schönste Gedanke des Tages:

31

Mein Tag in Bildern

Hier ist Platz für Kreativität

Mein Tag

Hier ist Platz für Deine Gedanken

Schönstes Erlebnis der Woche:

33

Die gewöhnlichen Dinge schätzen lernen!

Probiere es einmal aus.

Konzentriere Dich auf eine Sache die Du gerade machst. Dabei schaltest Du alles andere um Dich herum aus und fühlst nur noch diese eine Sache.

Nimm einmal bewusst wahr, was sonst selbstverständlich ist.

Das kann beim essen sein.

Wie schmeckt es?

Versuche den Geschmack zu umschreiben.

Oder wenn Du raus an die frische Luft gehst.

Wie fühlt es sich an?

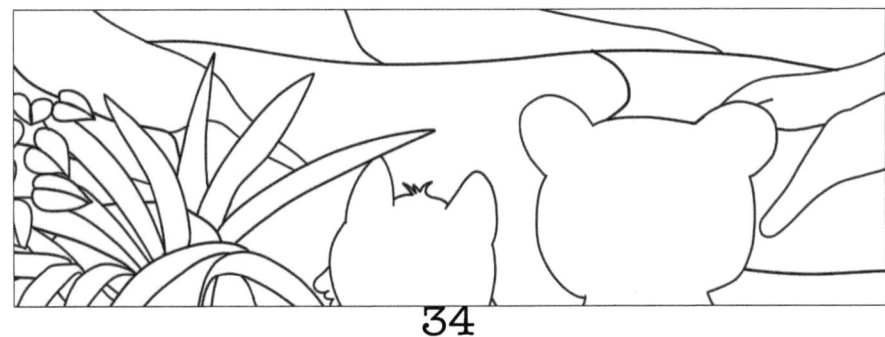

Schreibe Deine Gedanken auf:

Mein Tag in Bildern

Hier ist Platz für Kreativität

Mein Tagesziel:

Mein Tag

Hier ist Platz für Deine Gedanken

Mein Tag in Bildern

Hier ist Platz für Kreativität

Mein Tag

Hier ist Platz für Deine Gedanken

Meine Stimmung:

gut	traurig	kreativ	zufrieden
☐	☐	☐	☐

müde	entspannt	glücklich	bedrückt
☐	☐	☐	☐

39

Mein Tag in Bildern

Hier ist Platz für Kreativität

Höhepunkt des Tages:

Mein Tag

Hier ist Platz für Deine Gedanken

Mein Tag in Bildern

Hier ist Platz für Kreativität

Mein Tag

Hier ist Platz für Deine Gedanken

Ich habe Heute gelacht über:

43

Mein Tag in Bildern

Hier ist Platz für Kreativität

Diese drei Dinge haben mich
glücklich gemacht:

Mein Tag

Hier ist Platz für Deine Gedanken

Mein Tag in Bildern

Hier ist Platz für Kreativität

Mein Tag

Hier ist Platz für Deine Gedanken

Der schönste Gedanke des Tages:

47

Mein Tag in Bildern

Hier ist Platz für Kreativität

Mein Tag

Hier ist Platz für Deine Gedanken

Schönstes Erlebnis der Woche:

49

Was war das schönste was Du diese Woche erlebt hast?

Was wünschst Du dir für die kommende Woche?

Dinge für die Du DANKBAR bist:

Mein Tag in Bildern

Hier ist Platz für Kreativität

Mein Tagesziel:

Mein Tag

Hier ist Platz für Deine Gedanken

Mein Tag in Bildern

Hier ist Platz für Kreativität

Mein Tag

Hier ist Platz für Deine Gedanken

Meine Stimmung:

☐	☐	☐	☐
gut	traurig	kreativ	zufrieden
☐	☐	☐	☐
müde	entspannt	glücklich	bedrückt

Mein Tag in Bildern

Hier ist Platz für Kreativität

Höhepunkt des Tages:

Mein Tag

Hier ist Platz für Deine Gedanken

Mein Tag in Bildern

Hier ist Platz für Kreativität

Mein Tag

Hier ist Platz für Deine Gedanken

Ich habe Heute gelacht über:

Mein Tag in Bildern

Hier ist Platz für Kreativität

Diese drei Dinge haben mich glücklich gemacht:

60

Mein Tag

Hier ist Platz für Deine Gedanken

Mein Tag in Bildern

Hier ist Platz für Kreativität

Mein Tag

Hier ist Platz für Deine Gedanken

Der schönste Gedanke des Tages:

63

Mein Tag in Bildern

Hier ist Platz für Kreativität

Mein Tag

Hier ist Platz für Deine Gedanken

Schönstes Erlebnis der Woche:

Drei Dinge für die Du besonders DANKBAR bist:

Dinge die Dich besonders motivieren:

Gibt es etwas das Dich entmutigt hat?

Mein Tag in Bildern

Hier ist Platz für Kreativität

Mein Tagesziel:

Mein Tag

Hier ist Platz für Deine Gedanken

Mein Tag in Bildern

Hier ist Platz für Kreativität

Mein Tag

Hier ist Platz für Deine Gedanken

Meine Stimmung:

☐	☐	☐	☐
gut	traurig	kreativ	zufrieden
☐	☐	☐	☐
müde	entspannt	glücklich	bedrückt

71

Mein Tag in Bildern

Hier ist Platz für Kreativität

Höhepunkt des Tages:

Mein Tag

Hier ist Platz für Deine Gedanken

Mein Tag in Bildern

Hier ist Platz für Kreativität

Mein Tag

Hier ist Platz für Deine Gedanken

Ich habe Heute gelacht über:

Mein Tag in Bildern

Hier ist Platz für Kreativität

Diese drei Dinge haben mich
glücklich gemacht:

Mein Tag

Hier ist Platz für Deine Gedanken

Mein Tag in Bildern

Hier ist Platz für Kreativität

Mein Tag

Hier ist Platz für Deine Gedanken

Der schönste Gedanke des Tages:

79

Mein Tag in Bildern

Hier ist Platz für Kreativität

Mein Tag

Hier ist Platz für Deine Gedanken

Schönstes Erlebnis der Woche:

81

82

83

Mein Tag in Bildern

Hier ist Platz für Kreativität

Mein Tagesziel:

Mein Tag

Hier ist Platz für Deine Gedanken

Mein Tag in Bildern

Hier ist Platz für Kreativität

Mein Tag

Hier ist Platz für Deine Gedanken

Meine Stimmung:

☐	☐	☐	☐
gut	traurig	kreativ	zufrieden
☐	☐	☐	☐
müde	entspannt	glücklich	bedrückt

Mein Tag in Bildern

Hier ist Platz für Kreativität

Höhepunkt des Tages:

Mein Tag

Hier ist Platz für Deine Gedanken

Mein Tag in Bildern

Hier ist Platz für Kreativität

Mein Tag

Hier ist Platz für Deine Gedanken

Ich habe Heute gelacht über:

91

Mein Tag in Bildern

Hier ist Platz für Kreativität

Diese drei Dinge haben mich
glücklich gemacht:

Mein Tag

Hier ist Platz für Deine Gedanken

Mein Tag in Bildern

Hier ist Platz für Kreativität

Mein Tag

Hier ist Platz für Deine Gedanken

Der schönste Gedanke des Tages:

Mein Tag in Bildern

Hier ist Platz für Kreativität

Mein Tag

Hier ist Platz für Deine Gedanken

Schönstes Erlebnis der Woche:

97

Das erwarte ich von der kommenden Woche:

Mein Tag in Bildern

Hier ist Platz für Kreativität

Mein Tagesziel:

Mein Tag

Hier ist Platz für Deine Gedanken

Mein Tag in Bildern

Hier ist Platz für Kreativität

Mein Tag

Hier ist Platz für Deine Gedanken

Meine Stimmung:

☐ gut ☐ traurig ☐ kreativ ☐ zufrieden

☐ müde ☐ entspannt ☐ glücklich ☐ bedrückt

Mein Tag in Bildern

Hier ist Platz für Kreativität

Höhepunkt des Tages:

Mein Tag

Hier ist Platz für Deine Gedanken

Mein Tag in Bildern

Hier ist Platz für Kreativität

Mein Tag

Hier ist Platz für Deine Gedanken

Ich habe Heute gelacht über:

Mein Tag in Bildern

Hier ist Platz für Kreativität

Diese drei Dinge haben mich glücklich gemacht:

Mein Tag

Hier ist Platz für Deine Gedanken

Mein Tag in Bildern

Hier ist Platz für Kreativität

Mein Tag

Hier ist Platz für Deine Gedanken

Der schönste Gedanke des Tages:

Mein Tag in Bildern

Hier ist Platz für Kreativität

Mein Tag

Hier ist Platz für Deine Gedanken

Schönstes Erlebnis der Woche:

Achtsamkeit!

Eine kleine Aufgabe für Dich!

Achte einmal genauer auf die Umgebung.

Was genau hörst Du gerade in diesem Moment?

Sind es viele Geräusche, oder doch nur einzelne Laute?

Kommen die Geräusche von weit weg, oder sind sie ganz nah?

Welches der Geräusche ist lauter, welches ist leiser?

Und welches Geräusch ist ganz nah?

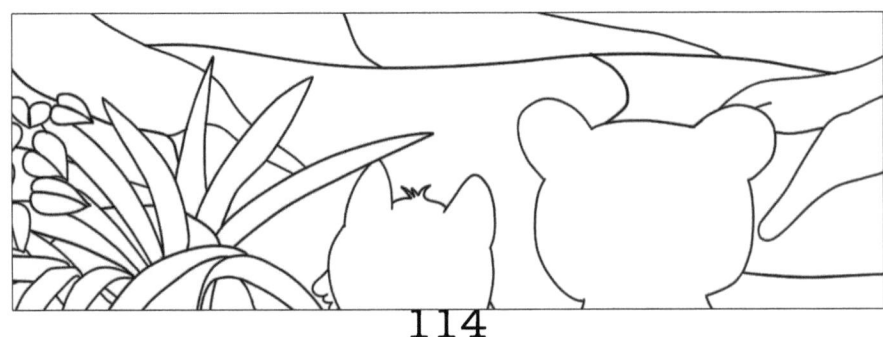

Schreibe deine Gedanken auf:

Mein Tag in Bildern

Hier ist Platz für Kreativität

Mein Tagesziel:

Mein Tag

Hier ist Platz für Deine Gedanken

Mein Tag in Bildern

Hier ist Platz für Kreativität

Mein Tag

Hier ist Platz für Deine Gedanken

Meine Stimmung:

☐ gut   ☐ traurig   ☐ kreativ   ☐ zufrieden

☐ müde   ☐ entspannt   ☐ glücklich   ☐ bedrückt

Mein Tag in Bildern

Hier ist Platz für Kreativität

Höhepunkt des Tages:

Mein Tag

Hier ist Platz für Deine Gedanken

Mein Tag in Bildern

Hier ist Platz für Kreativität

Mein Tag

Hier ist Platz für Deine Gedanken

Ich habe Heute gelacht über:

123

Mein Tag in Bildern

Hier ist Platz für Kreativität

Diese drei Dinge haben mich
glücklich gemacht:

Mein Tag

Hier ist Platz für Deine Gedanken

Mein Tag in Bildern

Hier ist Platz für Kreativität

Mein Tag

Hier ist Platz für Deine Gedanken

Der schönste Gedanke des Tages:

127

Mein Tag in Bildern

Hier ist Platz für Kreativität

Mein Tag

Hier ist Platz für Deine Gedanken

Schönstes Erlebnis der Woche:

Was macht Dich aus?

Was kannst Du besonders gut?

Mein Tag in Bildern

Hier ist Platz für Kreativität

Mein Tagesziel:

Mein Tag

Hier ist Platz für Deine Gedanken

Mein Tag in Bildern

Hier ist Platz für Kreativität

Mein Tag

Hier ist Platz für Deine Gedanken

Meine Stimmung:

☐ gut	☐ traurig	☐ kreativ	☐ zufrieden
☐ müde	☐ entspannt	☐ glücklich	☐ bedrückt

Mein Tag in Bildern

Hier ist Platz für Kreativität

Höhepunkt des Tages:

Mein Tag

Hier ist Platz für Deine Gedanken

Mein Tag in Bildern

Hier ist Platz für Kreativität

Mein Tag

Hier ist Platz für Deine Gedanken

Ich habe Heute gelacht über:

Mein Tag in Bildern

Hier ist Platz für Kreativität

Diese drei Dinge haben mich
glücklich gemacht:

Mein Tag

Hier ist Platz für Deine Gedanken

Mein Tag in Bildern

Hier ist Platz für Kreativität

Mein Tag

Hier ist Platz für Deine Gedanken

Der schönste Gedanke des Tages:

Mein Tag in Bildern

Hier ist Platz für Kreativität

Mein Tag

Hier ist Platz für Deine Gedanken

Schönstes Erlebnis der Woche:

Achtsamkeitsübung:

Geh Heute mal hinaus an die Luft und achte auf alles was Du siehst.

Wie fühlt sich der Wind auf Deinen Wangen an?

Wenn Du die frische Luft einatmest, wie fühlt sich das an?

Was hörst Du?

Siehst Du etwas besonders schönes?

Schöne Blumen?

Scheint die Sonne ?

Wolken am Himmel? Vielleicht siehst Du ja verschiedene Formen?

Summen Bienen? Oder siehst Du sogar Schmetterlinge?

Hör genau hin. Zwitschern die Vögel?

Was empfindest Du in diesem Moment?

Schreib Deine Erlebnisse auf:

Mein Tag in Bildern

Hier ist Platz für Kreativität

Mein Tagesziel:

Mein Tag

Hier ist Platz für Deine Gedanken

Mein Tag in Bildern

Hier ist Platz für Kreativität

Mein Tag

Hier ist Platz für Deine Gedanken

Meine Stimmung:

☐	☐	☐	☐
gut	traurig	kreativ	zufrieden
☐	☐	☐	☐
müde	entspannt	glücklich	bedrückt

Mein Tag in Bildern

Hier ist Platz für Kreativität

Höhepunkt des Tages:

Mein Tag

Hier ist Platz für Deine Gedanken

Mein Tag in Bildern

Hier ist Platz für Kreativität

Mein Tag

Hier ist Platz für Deine Gedanken

Ich habe Heute gelacht über:

Mein Tag in Bildern

Hier ist Platz für Kreativität

Diese drei Dinge haben mich
glücklich gemacht:

Mein Tag

Hier ist Platz für Deine Gedanken

Mein Tag in Bildern

Hier ist Platz für Kreativität

Mein Tag

Hier ist Platz für Deine Gedanken

Der schönste Gedanke des Tages:

Mein Tag in Bildern

Hier ist Platz für Kreativität

Mein Tag

Hier ist Platz für Deine Gedanken

Schönstes Erlebnis der Woche:

161

Achtsamkeit!

Schau Dich um.

Was siehst Du? Welche Farben fallen Dir
besonders stark auf?

Welche Farben halten sich im
Hintergrund?

Gibt es Farben die Du nicht so magst?

Was ist Deine Lieblingsfarbe?

Möchtest Du das Bild, in bunten Farben,
leuchten lassen?

Mein Tag in Bildern

Hier ist Platz für Kreativität

Mein Tagesziel:

Mein Tag

Hier ist Platz für Deine Gedanken

Mein Tag in Bildern

Hier ist Platz für Kreativität

Mein Tag

Hier ist Platz für Deine Gedanken

Meine Stimmung:

☐	☐	☐	☐
gut	traurig	kreativ	zufrieden
☐	☐	☐	☐
müde	entspannt	glücklich	bedrückt

167

Mein Tag in Bildern

Hier ist Platz für Kreativität

Höhepunkt des Tages:

Mein Tag

Hier ist Platz für Deine Gedanken

Mein Tag in Bildern

Hier ist Platz für Kreativität

Mein Tag

Hier ist Platz für Deine Gedanken

Ich habe Heute gelacht über:

Mein Tag in Bildern

Hier ist Platz für Kreativität

Diese drei Dinge haben mich glücklich gemacht:

Mein Tag

Hier ist Platz für Deine Gedanken

Mein Tag in Bildern

Hier ist Platz für Kreativität

Mein Tag

Hier ist Platz für Deine Gedanken

Der schönste Gedanke des Tages:

175

Mein Tag in Bildern

Hier ist Platz für Kreativität

Mein Tag

Hier ist Platz für Deine Gedanken

Schönstes Erlebnis der Woche:

☆☆☆☆☆

Mein Tag in Bildern

Hier ist Platz für Kreativität

Mein Tagesziel:

Mein Tag

Hier ist Platz für Deine Gedanken

Mein Tag in Bildern

Hier ist Platz für Kreativität

Mein Tag

Hier ist Platz für Deine Gedanken

Meine Stimmung:

gut   traurig   kreativ   zufrieden

müde   entspannt   glücklich   bedrückt

Mein Tag in Bildern

Hier ist Platz für Kreativität

Höhepunkt des Tages:

Mein Tag

Hier ist Platz für Deine Gedanken

Mein Tag in Bildern

Hier ist Platz für Kreativität

Mein Tag

Hier ist Platz für Deine Gedanken

Ich habe Heute gelacht über:

Mein Tag in Bildern

Hier ist Platz für Kreativität

Diese drei Dinge haben mich glücklich gemacht:

Mein Tag

Hier ist Platz für Deine Gedanken

Mein Tag in Bildern

Hier ist Platz für Kreativität

Mein Tag

Hier ist Platz für Deine Gedanken

Der schönste Gedanke des Tages:

Mein Tag in Bildern

Hier ist Platz für Kreativität

Mein Tag

Hier ist Platz für Deine Gedanken

Schönstes Erlebnis der Woche:

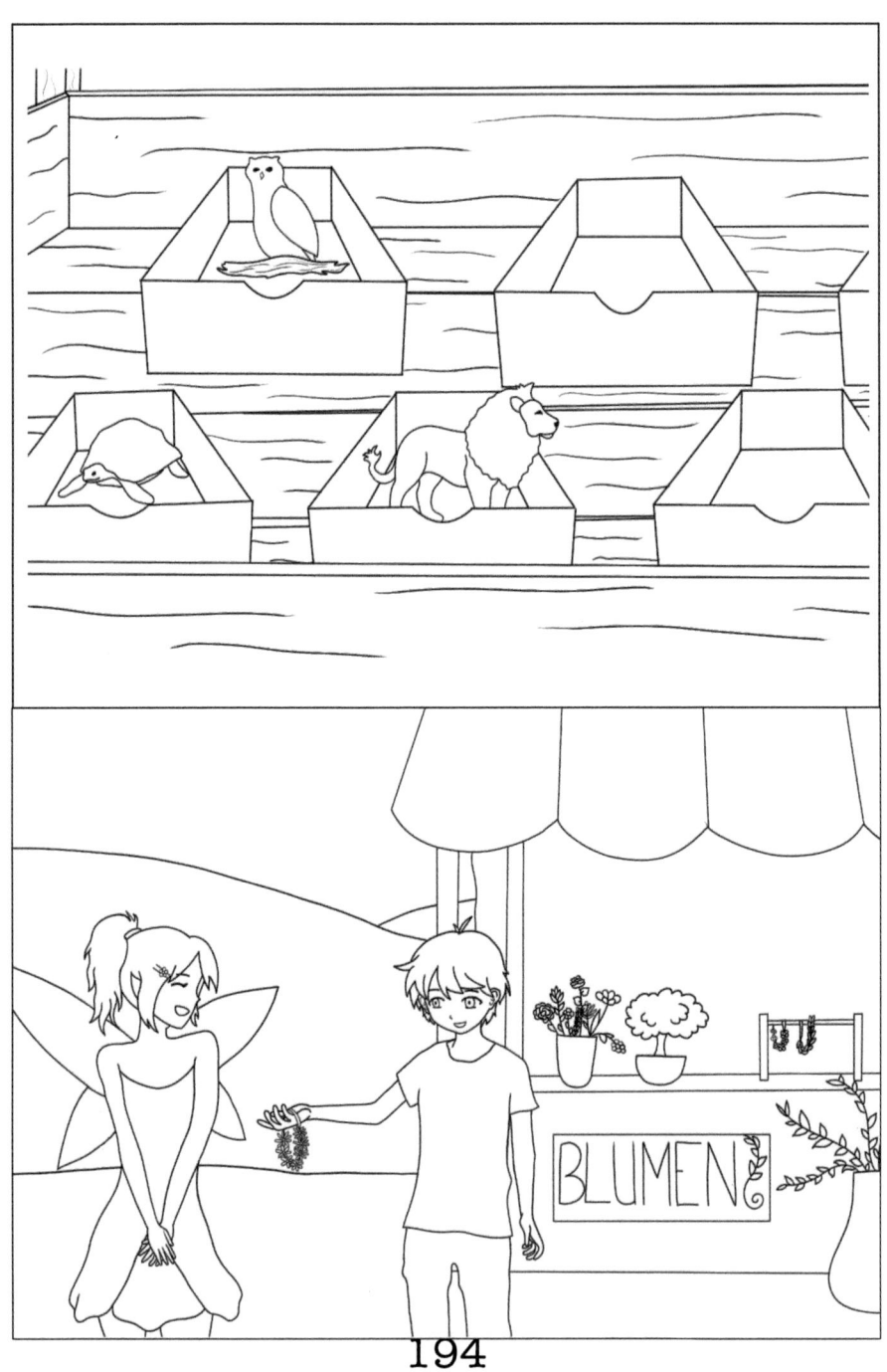

Sei Kreativ:

Inspiriert zu diesem Achtsamkeitstagebuch wurde ich von Mandy Capristo, die mit „Felice" einen Achtsamkeit Podcast erstellt hat.

Die Bilder in dem Tagebuch sind aus meinem Kinderbuch

„Die Freunde im Flüsterwald"

und wurden von der talentierten Juliette Bähr gezeichnet.

Ich hoffe das Tagebuch erreicht sein Ziel,

dass Ihr mit mehr Freude und Achtsamkeit, alle Dinge im Leben, bewusster wahrnehmt.

Gebt mir gerne eine Bewertung, denn so könnt Ihr mir helfen.

Vielen Dank

Eure Sabrina Federlein

Weitere Bücher von Sabrina Federlein

Gutenachtgeschichten für Kinder ab 3 Jahren

Ein spannendes Kinderbuch mit kurzen Geschichten zum Einschlafen. Auch ideal als Geschenk zum Geburtstag, zu Ostern oder Weihnachten. Nehmen Sie Ihr Kind mit auf ein spannendes Abenteuer vor dem Schlafen und lassen es dann schön Träumen.

Ich möchte dir heute eine Geschichte erzählen. Also sei schön leise und hör gut zu. Wir gehen hinaus in den Wald. Immer weiter hinein, bis wir auf einen ganz dichten Tannenwald stoßen. Jetzt müssen wir ganz leise sein, denn hinter diesen dichten Tannen liegt der Flüsterwald. Weißt du, warum der Wald Flüsterwald heißt? Ich werde es dir verraten. Hier im Flüsterwald leben Elfen und kleine Gnome. Ganz viele wilde Tiere wie Hasen, Igel, Eichhörnchen, Rehe, Füchse und anderes Getier leben hier friedlich beisammen. Alle diese Wesen können miteinander sprechen, doch es ist so leise, dass wir Menschen es nicht hören. Aber wenn du ganz leise bist und ganz genau hinhörst, kannst du sie hören, ganz leise wie ein Flüstern. Komm, wir schleichen uns hinein und schauen mal was sie so machen. Aber ganz leise.

Wunderschön Illustrierte Neuauflage mit Bildern der talentierten Künstlerin Seophora.

Das Flüsterbuch Teil 1 Dein Achtsamkeitstagebuch

Der erste Teil der Tagebuch Reihe, mit weiteren Übungen und tollen Bildern zum ausmalen und viel Platz für deine Gedanken.

In diesem Achtsamkeitstagebuch für Kinder können die Kleinen anhand spielerischer Aufgaben und schöner Illustrationen kreativ den achtsamen Umgang mit sich selbst lernen und erweitern. Achtsamkeit für Kinder.

In Waldums Reich Die Reise der Elfen und Gnome

In einer Zeit, in der Hexen, Zauberer und Gnome leben und mächtige Drachen die Erde zum Erzittern bringen, steht die Elfenprinzessin Alina vor den Trümmern ihres Heims, das der grausame Menschenkönig Tharon zerstört hat. Als Thronfolgerin fällt ihr plötzlich die Verantwortung zu, ihr Volk auf der Flucht vor dem unbarmherzigen Herrscher anzuführen. Unterwegs trifft sie auf Korak, den Gnomenkönig, der gleichfalls versucht, sein Volk zu retten. Vom Schicksal zusammengebracht, begeben sich die ungleichen Völker auf eine gefährliche Reise, die sie nur gemeinsam bestehen können. Doch wie weit darf Alina Korak vertrauen?

Leseempfehlung 14 -18 Jahre (Empfehlung der Autorin ab 16 Jahre)